Schlipperdibix, sagt der Kasperl

Sechs fröhliche Kasperlestücke
von Ole Schultheis
mit Bildern von Ursula Kirchberg
nach Handpuppen von Lotte Sievers-Hahn
im Gerstenberg Verlag

Die Deutsche Bibliothek - CIP Einheitsaufnahme

Schlipperdibix, sagt der Kasperl : Kasperlestücke / von Ole Schultheis. Mit Ill. von Ursula Kirchberg nach Handpuppen von Lotte Sievers-Hahn. – 1. Aufl. – Hildesheim : Gerstenberg, 1992
ISBN 3-8067-4676-1
NE: Schultheis, Ole; Kirchberg, Ursula [Ill.]

1. Auflage 1992 Gerstenberg Verlag, Hildesheim

Printed in Spain DLB 25.722-92
ISBN 3-8067-4676-1

Inhalt

Tips für das Theaterspiel

Uralt ist der Kampf des ewig jungen Kasperl gegen das Böse. Treue Helfer stehen ihm dabei zur Seite: sein Freund Seppel und die Gretel zum Beispiel und vor allem die Kinder im Publikum. Wenn aber Mut, Einfallsreichtum und Schläue allein nicht mehr weiterhelfen, sind märchenhafte Feengestalten zur Stelle. Oft auch die Mächtigen des Bösen (zum Beispiel Zauberer, Hexe und Krokodil), wenn es gilt, anderen ungeliebten Über- oder Unterirdischen einen Denkzettel zu verpassen. Kasperl, Gretel und Seppel sind festgelegte Charaktertypen, sie handeln nach stets gleichen Mustern. Ihre Unverwechselbarkeit macht sie bei den Kindern so beliebt.

Um Kasperl und seine Gehilfen auftreten zu lassen, sind keine großen Vorbereitungen nötig. Für das Spiel ist ein fertiges Kasperletheater nicht Voraussetzung. Mit ein bißchen Phantasie und wenigen Mitteln lassen sich große Effekte erzielen.

Wir befestigen entweder ein Brett oder einen Besenstiel an einem Türrahmen und hängen eine Decke darüber. Man kann aber auch ein waagerechtes Treppengeländer, zwei nebeneinander gestellte Stühle mit möglichst hohen Stuhllehnen, über die ebenfalls eine Decke gelegt wird, benutzen. Kulissen brauchen wir in diesen Fällen nicht, der Kasperl erscheint vor jedem Akt und beschreibt die Dekoration.

Perfekt wird das Spielen mit einer selbstgebauten oder gekauften Bühne, bei der sich der Vorhang geheimnisvoll öffnet. Kasperletheater sind heute sowohl im Spielwaren- als auch im Versandhandel schon für wenig Geld zu kaufen.

Wer ein Kasperletheater besitzt, wird sicherlich auch die Kulissen für die einzelnen Stücke anfertigen. Die beiden aufklappbaren Seitenwände der Bühne werden hinten an der oberen Kante mit einer starken Querleiste verbunden, an der die auf Pappe oder auf alte Leintücher gemalten Kulissen aufgehängt werden. Wer keine Lust zum Malen der Bühnenbilder hat, kann auch einfarbige Tücher oder Kartons (grün für den Wald, rot für die Hölle usw.) als Hintergrund verwenden.

Eine große Rolle spielt das Licht. Eine Steh- oder Tischlampe hinter der Bühne kann schon unsere Beleuchtung sein. Mit einer Taschenlampe erzeugt man flakkernde Lichteffekte. Verschiedenfarbige Glühbirnen gibt es überall im Handel: rot für die Hölle, blau für den Auftritt der Fee, gelb für das Sonnenlicht, grün für den Auftritt des Zauberers oder der Hexe. Ganz professionelle Spieler können sich selbstverständlich auch Lichtanlagen bauen oder im Fachhandel kaufen, mit denen eine stufenlose Veränderung (Dimmen) des Lichts möglich ist.

Besonders wirkungsvoll ist es, wenn das Licht von vorn auf die Bühne fällt. Dazu befestigt man zwei Scheinwerfer auf zwei gleich langen Latten, die auf der Bühne aufliegen und hinten an der Kulissenquerleiste festgemacht werden. Sie müssen vorne ein gutes Stück über die Bühne hinausragen, wobei die Lampen auf den Vorhang gerichtet sind. Etwas einfacher ist es, zwei Spots mit schwenkbarem Arm rechts und links vom Bühnenausschnitt anzubringen.

Kein Kasperletheater ohne Geräusche! Zwei aufeinandergeschlagene Topfdeckel ergeben den schönsten Donner. Bedrohliches Donnergrollen erzeugt man am besten mit einem dünnen Stück Blech (vielleicht

ein Backblech), indem man es in Schwingung versetzt. Wird ein einzelner Donnerschlag gebraucht, so bläst man eine Papiertüte auf und läßt sie platzen. Die verschiedenartigsten Windgeräusche ahmen wir pfeifend oder mit der Stimme nach. Spieluhren, Spieldosen oder Kassettenrecorder liefern die jeweils passende Musikuntermalung. Freilich, am schönsten ist es, wenn ein Spieler selbst etwa Flöte, Xylophon oder Gitarre spielen kann.
Wenn Erwachsene spielen, kann Zigarettenrauch, der langsam über die Bühne geblasen wird, unheimliche oder zauberhafte Effekte hervorrufen.
Verschiedene Gegenstände wie Zauberstab, Einkaufstasche, Kochlöffel oder Eßwaren werden dem Zauberkasten, der Puppenküche oder dem Puppenkaufladen entliehen. Diese Utensilien sind aber auch im Handel günstig zu kaufen. Doch auch der Kochlöffel aus der häuslichen Küche kann der Großmutter in die Hand gedrückt werden.
Nicht zu vergessen ist die Glocke, die das Spiel oder den nächsten Akt ankündigt und damit im Zuschauerraum für Ruhe sorgt.

Und das Wichtigste: die Figuren! Jeder Spielwarenladen oder die Spielzeugabteilung im Kaufhaus führt Kasperlefiguren in allen Preislagen. Wer Kasperl und seine Gehilfen selbst basteln möchte, findet in der Buchhandlung genügend Literatur mit praktischen Anleitungen.

Ein Tip für Anfänger: Nicht ein aufgeregtes Hin- und Herbewegen macht die Puppe lebendig, sondern die von ihr ausgehende Ruhe. Eine dauernd zappelnde Spielfigur wirkt nicht überzeugend. Wichtig ist auch, daß die Puppen nicht von unten herauf auf die Bühne kommen, sondern von der Seite oder aus dem Hintergrund auftreten und ebenso wieder abgehen. Und: Figuren, die sich miteinander unterhalten, müssen sich auch ansehen!

Bei den längeren Stücken kommt man ohne Proben nicht aus. Falsch wäre es jedoch, am Text zu kleben, weil man sonst die Führung der Puppe vernachlässigt. Wenn man sich den Inhalt des Stückes ganz zu eigen gemacht hat, kommt man leicht ins Improvisieren, was dem Stück große Lebendigkeit verleihen kann (man darf dabei nur nicht den dramaturgischen Faden verlieren). Entscheidend dabei ist das Miteinbeziehen der Kinder im Zuschauerraum. Die kreative Lust am Mitspielen ist Hauptbestandteil des Kasperlestücks. Kasperl und seine Gehilfen sollen viel fragen, improvisierend die Antworten aus dem jungen Publikum herauslocken. Darauf sind die Stücke in diesem Buch aufgebaut.

Es enthält sechs Kasperlestücke. Drei von ihnen haben eine Spieldauer von etwa 20 Minuten und können ebenso von Erwachsenen wie von größeren Kindern gespielt werden. Die drei ganz kurzen Stücke können unter der Anleitung von Erwachsenen auch von kleineren Kindern gespielt werden; ihre Spieldauer hängt von der Phantasie der Spieler ab. Die Handlungsabläufe werden hier auch ohne Worte deutlich, und nur in den dramatischen Höhepunkten sind kurze Dialogstellen vorgegeben, die sich im Spielverlauf meistens jedoch wie von selbst einstellen. Die Erwachsenen können auch die erklärenden Zwischentexte sprechen.
Ja, und dann kann's losgehen: Bühne frei für Kasperl und seine Gehilfen!

Das verlorene Zauberbuch

Es spielen mit:
Kasperl; Seppel; Zauberer; Räuber

Bühnenbilder:
im Wald; vor Kasperls und Großmutters Haus; im Wald vor der Räuberhöhle

Wir brauchen:
einen kleinen Spiegel als Zauberspiegel; eine Spielzeugpistole; ein kleines Buch als Zauber- und Kochbuch; eine Räuberhöhle als Teil der Kulisse

Im Wald

Der Zauberer Brimborio läuft laut jammernd durch den Wald.

Zauberer:
Wie entsetzlich! Welche Schande! Ich finde mein Zauberbuch nicht mehr. Ich habe es verloren. Und nächste Woche ist das große Zauberertreffen.
Er entdeckt die Kinder. Kinder, gut daß ihr da seid. Habt ihr vielleicht mein Zauberbuch gesehen?

Kinder:
Nein! Nein!

Zauberer:
Wie einen Schatz hab ich es gehütet. Ich kann ohne Zauberbuch einfach nicht mehr zaubern. Ich bin alt und merke mir die Zaubersprüche nicht mehr. Aber halt: ich habe ja noch meinen Zauberspiegel. Moment! *holt einen kleinen Spiegel hervor* Habt ihr schon mal einen Zauberspiegel gesehen, Kinder?

Kinder:
Nein! Ja!
Nein!

Zauberer:
Der Zauberspiegel ist meine Rettung! Er wird mir verraten, wo mein Zauberbuch ist. Aber dazu muß ich ja auch den richtigen Zauberspruch wissen. Wie war der doch gleich? Seid jetzt bitte einmal ganz still, Kinder! Ich muß nachdenken. *beginnt den Zauberspruch laut zu sprechen:*
Zauberspiegel in meiner Hand ...
Kinder, was reimt sich nur auf Hand?

Kinder:
Wand, Land!

Zauberer:
Richtig, Land. Das ist es. Noch einmal:
Zauberspiegel in meiner Hand,
zeige mir jeden Winkel im Land ...
Warum ist mein Gedächtnis nur so schlecht?
Oh, jetzt fällt's mir wieder ein!
Hilf mir auf der Suche ...
Kinder, was reimt sich nur auf Suche?

Kinder:
Buche!

Zauberer:
Stimmt.
Hilf mir auf der Suche
nach dem Zauberbuche.

Jetzt muß ich den Spruch noch einmal im Ganzen sagen:
Zauberspiegel in meiner Hand,
zeige mir jeden Winkel im Land.
Hilf mir auf der Suche
nach dem Zauberbuche.
schaut erwartungsvoll in seinen Spiegel Beim Barte meines Onkels! Diese Satansbraten! Kinder, wißt ihr, wer mein Zauberbuch hat?

Kinder:
Nein, nein!

Zauberer:
Der Kasperl und der Seppel! Es ist zum Aus-der-Haut-fahren! Oh, wenn ich nur mein Zauberbuch hätte! Ich würde die beiden in Kröten verwandeln. In Steine, in Kanarienvögel!
horcht nach hinten Still, da kommt jemand! Ich verstecke mich. *versteckt sich*
Der Räuber Stoppelbart kommt.

Räuber:
Ist das ein langweiliger Tag! Kein Mensch ist vorbeigekommen. Ich muß wohl doch ins Dorf und irgendwo einbrechen. *bleibt unschlüssig stehen*
Der Zauberer Brimborio schleicht leise von hinten an den Räuber heran.

Zauberer:
Soso.
Der Räuber fährt herum und zieht seine Pistole heraus.

Räuber:
Halt! Keine Bewegung!

Zauberer:
Laß die dummen Witze, Stoppelbart! Mit mir kannst du diese Späße nicht machen.

Räuber:
Verzeihung. Ich habe dich nicht gleich erkannt, Zauberer Brimborio. Was machst du denn hier im Wald? Kann ich dir helfen?

Zauberer:
Du kommst mir wie gerufen, Räuber Stoppelbart. Ich habe eine Aufgabe für dich. Wenn du sie erfüllst, werde ich dich reich belohnen.

Räuber:
Bringst du mir dann einen deiner Zaubersprüche bei? Du hast es mir schon so oft versprochen.

Zauberer:
Jaja, ich weiß, du willst immer nur den e i n e n Zauberspruch von mir wissen.

Räuber:
Ich möchte nur Steine in Goldklumpen verwandeln können. Mehr will ich ja gar nicht. Das reicht mir.

Zauberer:
Gut, ich werde ihn dir verraten. Aber vorher mußt du mir einen kleinen Gefallen erweisen.

Räuber:
Mach ich. Worum geht's denn?

Zauberer:
Ich habe mein Zauberbuch verloren. Doch ich weiß, wo es ist: Kasperl und Seppel haben es gefunden. Mein Zauberspiegel hat es mir verraten. Du sollst es zurückholen.

Räuber:
Aber warum denn ich? Sprich doch einen Zauberspruch. Dann hast du es wieder.

Zauberer:
Äh, ja. Den Zauberspruch habe ich vergessen, er steht in meinem Zauberbuch.

Räuber:
Hm, Kasperl und Seppel sind meine Todfeinde. Ich gehe ihnen gern aus dem Weg. Aber für den Zauberspruch wage ich alles. Du wirst sehen, morgen bringe ich dir dein Zauberbuch zurück. Ich mache mich sofort auf den Weg.
geht winkend ab

Zauberer:
ruft dem Räuber nach: Recht so, Räuber Stoppelbart! Morgen früh komme ich zu deiner Höhle. Wenn du das Zauberbuch hast, werde ich dir den Zauberspruch verraten. *zu den Kindern:* Das ist der richtige Bote für mich! Der Kerl kann nicht lesen und schreiben, deshalb ist das Zauberbuch für ihn völlig wertlos! Hähähä, wenn ich es endlich wiederhabe, werde ich ihn in eine Elster verwandeln.
Hohnlachend geht der Zauberer aus dem Bild.

Der Vorhang schließt sich.

Vor Kasperls und Großmutters Haus

Kasperl und Seppel stehen vor dem Haus und lesen in dem Zauberbuch des Zauberers Brimborio.

Kasperl:
Schlipperdibix, Seppel, hör dir das an:
Man nehme ein Büschel Katzenhaare, zerstoße sie in einem Gefäß und gebe etwas bitteren Gallensaft von einem Drachentier dazu. Man vermische alles gut und schlucke es auf einen Satz herunter. Dann ist folgender Spruch anzuwenden:
Ein Büschel Haare von der Katze,
aus der Hand wird eine Tatze.
Vom Drachentier der Saft der Galle,
an jeder Zehe wächst die Kralle.

Seppel:
Das ist ja ein Hexenbuch!

Kasperl:
Kinder, wißt ihr, wem das Buch gehört?

Kinder:
Ja! Dem Zauberer Brimborio.

Kasperl:
Schlipperdibix, dann ist das sein Zauberbuch.

Kinder:
Ja.

Seppel:
Kasperl, komm schnell, wir bringen es dahin zurück, wo wir es gefunden haben.

Kasperl:
Geh, Seppel, warum bist du so ängstlich? Der Zauberer weiß doch gar nicht, daß wir sein Zauberbuch haben. Habe ich recht, Kinder?

Kinder:
Der Zauberer Brimborio weiß, daß ihr das Zauberbuch habt.

Seppel:
Woher weiß er das denn?

Kinder:
Er hat es in seinem Zauberspiegel gesehen.

Kasperl:
Kann er auch ohne Zauberbuch zaubern?

Kinder:
Nein! Ganz schlecht!

Kasperl:
Dann brauchen wir auch keine Angst zu haben. Ohne Zauberbuch ist er machtlos.

Seppel:
Aber er wird sich das Zauberbuch sicher zurückholen.

Kasperl:
Aber wie denn? Oder wißt ihr das, Kinder?

Kinder:
Ja! Der Räuber Stoppelbart soll es holen.

Kasperl:
Schlipperdibix, der Räuber Stoppelbart! Der kann doch gar nicht lesen! Da haben sich die zwei Richtigen gefunden. Aber wir dürfen die beiden nicht unterschätzen, Seppel. Wir schauen am besten noch einmal ins Zauberbuch hinein. Vielleicht finden wir einen Zauberspruch, der uns vor den beiden schützt.

Seppel:
Das ist eine sehr gute Idee, Kasperl.

Kasperl:
Und wenn wir den richtigen gefunden haben, verbrennen wir das Zauberbuch in Großmutters Herd.

Seppel:
Ja, warum denn, Kasperl?

Kasperl:
Seppel, wir wollen keine Zauberer werden. So ein Zauberbuch kann viel Unheil anrichten. Wenn wir es verbrannt haben, holen wir Großmutters Kochbuch aus dem Küchenschrank. Das sieht fast genauso aus.

Seppel:
Aha, ich verstehe ... das Kochbuch legen wir hier vor die Tür ...

Kasperl:
... und wenn der Räuber Stoppelbart kommt, holt er sich das falsche Buch.

Seppel:
Prima. Und wir schleichen ihm nach ...

Kasperl:
... und fangen uns gleich beide.

Seppel:
Jetzt aber schnell den Zauberspruch! Der Räuber kann jeden Augenblick hier sein! *Sie blättern im Buch.* Schau, Kasperl, hier steht einer! Der paßt. *flüstern leise:*

Arme, Finger, Zehen, Beine,
werdet hart wie Edelsteine.
Aus ist's mit dem leichten Biegen,
steif mußt du im Bette liegen!
Da springt der Räuber Stoppelbart hinter der Hausecke hervor und bedroht die beiden mit seiner Pistole.

Räuber:
Halt! Keine Bewegung! Her mit dem Zauberbuch!

Kasperl:
Schlipperdibix, der Räuber Stoppelbart. Was willst du? Das Zauberbuch? Ich weiß nichts von einem Zauberbuch.

Seppel:
Das ist Großmutters Kochbuch. Stimmt's, Kinder?

Räuber:
Papperlapapp! Das ist das Zauberbuch des Zauberers Brimborio. Ich kenne es. Redet nicht lange, gebt es her!

Kasperl:
Gut. Vorher verrate ich dir sogar noch einen Zauberspruch. Hör zu, hier steht ein besonders schöner:
Arme, Finger, Zehen, Beine,
werdet hart wie Edelsteine.
Aus ist's mit dem leichten Biegen,
steif mußt du im Bette liegen!
Kaum hat der Kasperl den Zauberspruch gesprochen, erstarrt der Räuber Stoppelbart wie eine Vogelscheuche und läßt die Pistole fallen. Er kann sich nicht mehr bewegen.

Räuber:
Was hast du gemacht? Hilfe, ich kann mich nicht mehr bewegen, ich falle um. Haltet mich doch!
Seppel springt hinzu und hält den Räuber Stoppelbart fest.

Seppel:
Kasperl, du kannst ja zaubern!

Kasperl:
Schlipperdibix! Das hat gewirkt!

Räuber:
Bitte, bitte erlöst mich, ich will auch alles sagen, was ich weiß.

Kasperl:
Das ist gut! Also, wann und wo sollst du das Zauberbuch übergeben?

Räuber:
Nein, ich verrate doch nichts.

Seppel:
Dann suchen wir noch einen Zauberspruch, mit dem wir dich in einen Vogel oder in einen Stein verwandeln.

Räuber:
Gnade, nur das nicht! Ich sage euch alles: Morgen früh, wenn die Sonne aufgeht, kommt der Zauberer Brimborio in meine Räuberhöhle.

Seppel:
Sehr gut. Und du wirst uns den Weg dorthin zeigen.

Kasperl:
Seppel, geh doch schon mal vor mit dem stocksteifen Räuber. Ich verbrenne noch das Zauberbuch und hole Großmutters Kochbuch. Das wird ein Spaß, wenn der Zauberer plötzlich die Zutaten für einen Schweinsbraten ...

Seppel:
... oder das Rezept für rote Grütze vorliest.

Räuber:
Gnade, Erbarmen, habt Mitleid mit mir!

Seppel:
Nichts da! Du hast auch kein Mitleid mit uns gehabt. Jetzt geht's ab.
Seppel schiebt den stocksteifen Räuber Stoppelbart aus dem Bild.

Kasperl:
Wir dürfen nur nicht den Zauberspruch vergessen, mit dem wir auch den Zauberer Brimborio stocksteif zaubern können. Wißt ihr ihn noch, Kinder?

Kinder:
Nein! Arme, Finger ...! Nein!

Kasperl:
Also paßt auf, wir üben ihn noch einmal. Ich spreche ihn euch vor:
Arme, Finger, Zehen, Beine,
werdet hart wie ...

Kinder:
... Edelsteine.

Kasperl:
Aus ist's mit dem leichten ...

Kinder:
... Biegen ...

Kasperl:
steif mußt du im Bette ...

Kinder:
... liegen!

Kasperl:
Jetzt noch einmal alle zusammen!

Kasperl und Kinder:
Arme, Finger, Zehen, Beine,
werdet hart wie Edelsteine.
Aus ist's mit dem leichten Biegen,
steif mußt du im Bette liegen!

Kasperl:
Gut, Kinder, jetzt kann nichts mehr schiefgehen. Aber vielleicht suche ich erst noch einen Spruch, der die beiden erlöst, bevor ich das Zauberbuch verbrenne? Soll ich?

Kinder:
Ja! Nein!

Kasperl:
Ich überleg's mir mal!

Der Vorhang schließt sich.

Im Wald vor der Räuberhöhle

Vorsichtig schleicht der Zauberer Brimborio auf die Bühne und bleibt vor der Räuberhöhle stehen.

Zauberer:
He, Stoppelbart, aufwachen! Ich bin's, der Zauberer Brimborio. Hast du mein Zauberbuch? Gestern abend ist mir der Zauberspiegel zerbrochen. Ich habe deshalb nicht sehen können, ob du es wirklich geholt hast.
Aus der Höhle ist eine verschlafene Stimme zu hören:

Stimme (Kasperl):
Huaaaa. Wer ist draußen? Der Zauberer Brimborio? Warum störst du mich so früh? Ich habe noch tief und fest geschlafen.

Zauberer:
Beim dreigehörnten Teufel! Ich werde dir Beine machen, du fauler Räuber. Hast du das Zauberbuch?

Stimme (Kasperl):
Ja, natürlich habe ich dein Zauberbuch. Ich bin doch ein schlauer Räuber.

Zauberer:
Los, zeig dich endlich und gib's her! Ich habe nicht viel Zeit. Bei Sonnenuntergang beginnt das große Zauberertreffen. Es ist ein weiter Weg dahin.

Stimme (Kasperl):
Huaaaa, ich bin so müde. Aber warte, ich gebe dir das Buch.
Aus dem Dunkel der Höhle kommt eine Hand hervor, die das Kochbuch hält.

Zauberer:
Ha! Großartig, du bist ein kluger und schlauer Räuber. Ich hab doch gewußt, daß ich mich auf dich verlassen kann.
Gierig reißt der Zauberer das Buch an sich und fängt wie wild an, darin zu blättern.
Hahaha! Jetzt wirst du deine Belohnung bekommen, Stoppelbart. Paß auf!

In diesem Augenblick kommen Kasperl und Seppel aus der Höhle. Der Zauberer erstarrt vor Schreck.

Kasperl:
Schlipperdibix, einen schönen guten Morgen, Zauberer Brimborio.

Zauberer:
erstaunt: Das ist ja der Kasperl!

Seppel:
Ist das nicht eine gelungene Überraschung?

Zauberer:
erschrocken: Und der Seppel!

Kasperl:
Als ehrliche Finder wollten wir dir das Zauberbuch selbst bringen.

Seppel:
Das gehört sich so.

Zauberer:
Wo ist denn der Räuber Stoppelbart?

Kasperl:
Der liegt stocksteif in seiner Höhle.

Seppel:
Und kann sich nicht mehr rühren.

Zauberer:
Was soll das heißen?

Kasperl:
Wir haben ihn verzaubert.

Zauberer:
Ihr Höllenbrut! Ihr frechen Kerle! Aber m i c h werdet ihr nicht übertölpeln. Ich bin nicht so dumm wie der Räuber Stoppelbart. Ich kann lesen! Jetzt werde ich e u c h verzaubern.

Kasperl:
mit gespieltem Entsetzen: Bitte nicht, lieber großer Zauberer Brimborio, bitte verzaubere uns nicht.

Zauberer:
Wartet, ihr kleinen Kröten! Gleich vergeht euch Hören und Sehen. *liest einen Zauberspruch aus dem Buch vor:* Fünfzig Gramm Dill, Eigelb von zwei Eiern ...
Potzblitz, was ist das für ein Zauberspruch? An den kann ich mich gar nicht erinnern.

Kasperl:
Nur weiter, Zauberer Brimborio, das wird ein schönes Essen.

Seppel:
Sicherlich Pfannenkuchen. Das klingt ganz nach Pfannenkuchen.

Zauberer:
He, Moment! Ah, hier:
Hundert Gramm feingehackte Mandeln, drei Teelöffel Zucker ...
Zum Teufel, was ist das für ein Buch?! Das ist nicht mein Zauberbuch. Kinder, was ist das für ein Buch?

Kinder:
Das ist das Kochbuch von der Großmutter.

Seppel:
Das gute alte Kochbuch.

Kasperl:
Meinst du, wir sind so dumm und bringen dir dein Zauberbuch zurück?

Seppel:
Im Feuer liegt es! Die Aschenreste kannst du bei der Großmutter im Ofen sehen. Jetzt hat sich's ausgezaubert. Du wirst keinen Schaden mehr anrichten.

Kasperl:
Wir haben uns einen schönen Zauberspruch gemerkt. Mit dem werden wir dich stocksteif zaubern.

Seppel:
Wie den Räuber Stoppelbart.

Zauberer:
Das dürft ihr mir doch nicht antun! Ich will euch auch viele Zaubersprüche beibringen. Ich kann Steine in Gold verwandeln.

Kasperl:
Das konntest du, Brimborio, das konntest du. Das ist nun vorbei.

Seppel:
Ohne Zauberbuch geht gar nichts mehr.

Zauberer:
Ich bin ein armer alter Mann. Habt Mitleid mit mir. Ich habe keinen einzigen Freund.

Kasperl:
Daran bist du selbst schuld. Jetzt wird nicht mehr lange gefackelt, jetzt wirst du verzaubert. *zu den Kindern:* Kinder, wißt ihr noch den Zauberspruch?

Kinder:
Ja! Nein!

Kasperl:
Dann wollen wir ihn zusammen sagen.

Kasperl und Kinder:
Arme, Finger, Zehen, Beine,
werdet hart wie Edelsteine.
Aus ist's mit dem leichten Biegen,
steif mußt du im Bette liegen!
Kaum haben die Kinder mit dem Kasperl den Zauberspruch gesprochen, heult der Zauberer laut auf und ist steif wie ein Spazierstock.

Kasperl:
Seppel, halt ihn fest, sonst fällt er um.
Seppel hält den Zauberer fest.

Zauberer:
Ach, welche Schmach, welche Schande! Ich werde mich rächen. Das schwöre ich!

Kasperl:
Das kann ein bißchen dauern. Jetzt bringen wir dich erst einmal mit dem Räuber ins Gefängnis. Dort könnt ihr überlegen, wie der Spruch heißt, der euch erlöst.

Seppel:
Solange haben wir jedenfalls vor euch beiden Ruhe. Ich nehme gleich mal wieder das Kochbuch von der Großmutter.
nimmt dem Zauberer das Kochbuch ab

Kasperl:
Das ist eine gute Idee, denn ohne die Rezepte kann die Großmutter nicht kochen.

Seppel:
Und das können wir nicht zulassen. Dazu essen wir zu gerne Pfannenkuchen.

Zauberer:
Diese Schande werdet ihr mir büßen. Ich schwöre euch, mir fallen die Zaubersprüche wieder ein, und wenn ich hundert Jahre alt werden muß.

Kasperl:
Das werden wir wahrscheinlich nicht mehr erleben. *geht in die Höhle*

Seppel:
Auf geht's, Zauberer. *schiebt den steifen Zauberer aus dem Bild. Kasperl kommt aus der Höhle. Er schiebt den steifen Räuber vor sich her.*

Kasperl:
Wenn die beiden brav sind und nicht den ganzen Tag jammern und schimpfen, werde ich sie vielleicht erlösen.
Den Spruch habe ich mir aufgeschrieben, bevor ich das Zauberbuch verbrannt habe. Jetzt können die beiden jedenfalls kein Unheil mehr anrichten. *schiebt pfeifend den steifen Räuber aus dem Bild*

Der Vorhang schließt sich.

Die verzauberte Prinzessin

Es spielen mit:

Kasperl; Seppel; Prinzessin; König; Zauberer; Krokodil; Hexe

Bühnenbilder:

im Schloß des Königs; im Wald

Wir brauchen:

eine Tür in der Kulisse des Schlosses; einen Zauberstab für den Zauberer Rubino; einen Gehstock für die Hexe Walpurga; ein Wurstbrot aus Marzipan; eine kleine Blumenvase; einen Stoffhund

Im Schloß des Königs

Der König kommt ins Zimmer und sucht seine Tocher, die Prinzessin Aurora.

König:
Aurora! Mein Töchterchen! Wo bist du? Aurora! *macht eine Pause* Ich möchte jetzt frühstücken! *entdeckt die Kinder* Ach, Kinder, gut, daß ihr hier seid. Habt ihr vielleicht meine Tochter, die Prinzessin Aurora, gesehen?

Kinder:
Nein!

König:
Sapperlot, wo steckt sie nur? Der Frühstückstisch ist gedeckt, und mein Magen knurrt wie ein Löwenrudel. Wahrscheinlich steht sie vor dem Spiegel und macht sich schön. Sie ist nämlich sehr eitel, aber sie ist auch hübsch. Was soll's, dann frühstücke ich eben alleine. *geht aus dem Zimmer*
Kaum ist der König fort, steckt der Zauberer Rubino vorsichtig seinen Kopf durch die Tür hinein.

Zauberer:
Hähähä, war das nicht der König? *kommt näher*

Kinder:
Ja, das war der König!

Zauberer:
Hähähä, er hat mich nicht bemerkt. Was wollte er denn?

Kinder:
Er sucht seine Tochter, die Prinzessin Aurora.

Zauberer:
Die suche ich auch. Hmm, eigentlich paßt es mir gar nicht, daß ihr da seid. Wißt ihr, wer ich bin?

Kinder:
Nein! Ja! Der Zauberer!

Zauberer:
Jaaa, ich bin der große Zauberer Rubino. Es gibt nur wenige, die keine Angst vor mir haben. Habt ihr Angst vor mir?

Kinder:
Ja! Nein! Ja! . . .

Zauberer:
Wenn ihr brav seid, dann tue ich euch nichts. Aber wehe, wenn ihr verratet, daß ich hier bin – dann verzaubere ich euch.

beugt sich über den Bühnenrand Eigentlich bin ich ganz froh, daß ich ein bißchen mit euch reden kann. Ich habe nämlich keine Freunde, aber v i e l e Feinde. Meine Todfeindin ist die Hexe Walpurga. Sie ist eine gute Hexe. Sie kann sehr gut zaubern. Aber ich zaubere noch besser. Soll ich euch mal was vorzaubern, Kinder?

Kinder:
Ja!

Zauberer:
Paßt auf!
Schlangeneier, Zwergennase,
hier ist eine Blumenvase!
Es donnert, und eine Blumenvase steht vor dem Zauberer.
Wollt ihr noch etwas sehen?

Kinder:
Jaaa! Jaaa!

Zauberer:
Drachenschuppen kunterbunt,
gleich erscheint ein großer Hund!
Wieder donnert es, ein Hund steht vor ihm und bellt.
Doch es eilt, es ist genug!
Fort mit all dem Zauberspuk!
Wieder donnert es, Vase und Hund sind verschwunden.
Es gefällt mir bei euch. Ich wohne in der gefürchteten Drachenburg. Sie liegt auf einem Berg, an der Grenze des Königreiches. Wenn ihr auf meine Burg wollt, müßt ihr durch den dunklen Tannenwald gehen. – Soll ich euch ein Geheimnis verraten?

Kinder:
Ja!

Zauberer:
Ich verliere meine Zauberkraft, wenn ich nicht einmal im Jahr eine böse Zaubertat vollbringe. Und ich bin schon ein bißchen spät dran. Die Hexe Walpurga hat mir nämlich immer wieder alles verdorben. Bis zum Vollmond muß ich meine Zaubertat vollbracht haben. Das ist in drei Tagen. Deshalb will ich die Prinzessin in ein Krokodil verwandeln. Wenn ich verreise, muß sie meine Burg bewachen. Still, Kinder! Ich höre Schritte. Ich verstecke mich. Wehe, wenn ihr mich verratet!
versteckt sich halb hinter dem Vorhang
Die Prinzessin Aurora, die Tochter des Königs, kommt ins Zimmer.

Prinzessin:
Vater, wo bist du? Wo steckt er denn nur? Er hat bestimmt ohne mich gefrühstückt. Wo ich mich doch so beeilt habe. *wendet sich zur Tür* Vielleicht ist er schon in den Park gegangen.

Zauberer:
niest: Hahahatschi!

Prinzessin:
Wer war das?

Kinder:
Der Zauberer!

Prinzessin:
Der Zauberer?

Kinder:
Der Zauberer Rubino! Er will dich in ein Krokodil verwandeln.

Prinzessin:
Ach, Kinder, ihr macht Spaß, das glaube ich euch nicht. Das Schloß ist so gut bewacht.

Kinder:
Doch! Der Zauberer will dich in ein Krokodil verwandeln.

Prinzessin:
Ach was, ich rufe die Palastwache!
Der Zauberer stürzt sich auf die Prinzessin und hält ihr den Mund zu.

Zauberer:
Das läßt du lieber bleiben. *zu den Kindern:* Ihr kleinen Kröten, ihr habt mich verraten.

zur Prinzessin: Ich verwandele dich jetzt in ein Krokodil! *spricht den Zauberspruch:*
Krötenherz und Besenstiel!
Werde jetzt zum Krokodil!
Folge mir und keinem Fremden,
gegen die mußt du dich wenden.
Das Licht flackert, es gibt einen Donner, die Prinzessin ist in ein Krokodil verwandelt.

Krokodil:
Huah, huah, huah!

Zauberer:
Hahaha! Es ist gelungen! Ich muß mich beeilen. Die Zaubertat wird erst anerkannt, wenn wir auf der Drachenburg angekommen sind. Bis dahin bin ich noch in Gefahr.

Krokodil:
Huah, huah, huah!

Zauberer:
Wenn du nicht ruhig bist, haue ich dir auf die Schnauze. Wir haben einen weiten Weg vor uns. Bald bin ich wieder der große Zauberer Rubino, vor dem sich alle fürchten. Die Hexe Walpurga soll mich dann kennenlernen.
Der Zauberer haut dem Krokodil kräftig auf die Schnauze. Ängstlich weicht es zurück und gibt klagende Laute von sich. Unter Hohnlachen treibt es der Zauberer Rubino mit dem Zauberstab aus dem Zimmer. Kaum sind sie weg, kommt der König.

König:
Aurora! Wo bist du denn, mein Kind? – Habt ihr die Prinzessin gesehen, Kinder?

Kinder:
Ja! Sie ist vom Zauberer Rubino in ein Krokodil verwandelt worden.

König:
Sie ist in ein Krokodil verwandelt worden? Ihr macht Spaß, Kinder!

Kinder:
Nein, der Zauberer Rubino hat sie in ein Krokodil verwandelt und mitgenommen.

König:
Das ist ja schrecklich! *fängt zu weinen an:* Huhuhu, ich armer Vater. Mein armes Kind! In ein Krokodil verwandelt. Entsetzlich! Am besten, ich rufe den Wachtmeister Hirnverbrannt. *läuft aufgeregt im Zimmer auf und ab. Am Fenster bleibt er stehen, schaut hinaus.* Da unten stehen ja der Kasperl und der Seppel. Das ist die Rettung! *ruft:* Kasperl, Seppel, kommt schnell mal herauf. Ihr müßt mir helfen. *geht wieder in die Mitte des Zimmers*
Welch ein Glück, daß die beiden gerade im Park sind. Sie sind mutig und schlau.
Kasperl und Seppel kommen hereingestürzt.

Kasperl:
Schlipperdibix, Herr König, was gibt's denn?

Seppel:
Wo ist denn die Prinzessin?

König:
Das ist es ja. Sie ist fort. Der Zauberer Rubino hat sie geraubt und in ein Krokodil verwandelt.

Kasperl:
Schlipperdibix, das ist ja furchtbar! Der böse Zauberer!

Seppel:
Wir werden die Prinzessin befreien.

Kasperl:
Wir wissen doch gar nicht, wo sie der Zauberer hingebracht hat. Oder wissen Sie das, Herr König?

König:
Nein, das weiß ich nicht! – Vielleicht wissen das die Kinder! Kinder, wißt ihr, wohin der Zauberer die Prinzessin gebracht hat?

Kinder:
Ja! Auf die Burg. Der Zauberer hat gesagt, er nimmt sie mit auf die Drachenburg.

Kasperl:
Wo liegt denn die Drachenburg?

Kinder:
Hinter dem dunklen Wald, auf dem Berg!

Seppel:
Kasperl, wir waren doch neulich beim Pilzesammeln im Wald. Da haben wir eine Burg entdeckt, hoch oben auf dem Berg. Das muß die Drachenburg gewesen sein.

Kasperl:
Stimmt! Den Weg kennen wir. Herr König, der Seppel und ich bringen die Prinzessin Aurora gesund wieder zurück. *zu den Kindern:* Kinder, helft ihr uns dabei?

Kinder:
Ja! Ja! Ja!

Kasperl:
Ich habe gewußt, daß ich mich auf euch verlassen kann.

König:
Beeilt euch. Ihr dürft keine Zeit verlieren.

Seppel:
Du Kasperl, bevor wir gehen, holen wir uns noch in der Schloßküche ein dickes Leberwurstbrot.

Kasperl:
Das ist eine gute Idee, Seppel. Auf Wiedersehen, Herr König. Machen Sie sich keine Sorgen. Mit den Kindern gelingt uns die Rettung.

Kasperl und Seppel gehen aus dem Zimmer. Der König bleibt. Der Vorhang schließt sich.

Im Wald

Vorsichtig, nach allen Seiten schauend, kommen Kasperl und Seppel auf die Bühne.

Kasperl:
Schlipperdibix, Seppel, da ist der Weg.

Seppel:
schaut sich suchend um Kasperl, ich sehe die Drachenburg!

Kasperl:
Jetzt ist es nicht mehr weit. Gut, daß wir quer durch den Wald gelaufen sind. Wir sind bestimmt schneller als der Zauberer und die Prinzessin.

Seppel:
Du meinst, das Krokodil.

Kasperl:
Für mich ist es die Prinzessin. Wir wollen uns hier auf die Lauer legen. Das ist ein guter Platz. Wenn ich nur wüßte, wie wir die Prinzessin erlösen können.
Aus dem Hintergrund ist ein hämisches Lachen zu hören.

Hexe:
unsichtbar Hihihihihi!

Kasperl:
Seppel, hast du das gehört?

Hexe:
unsichtbar Hihihihi!

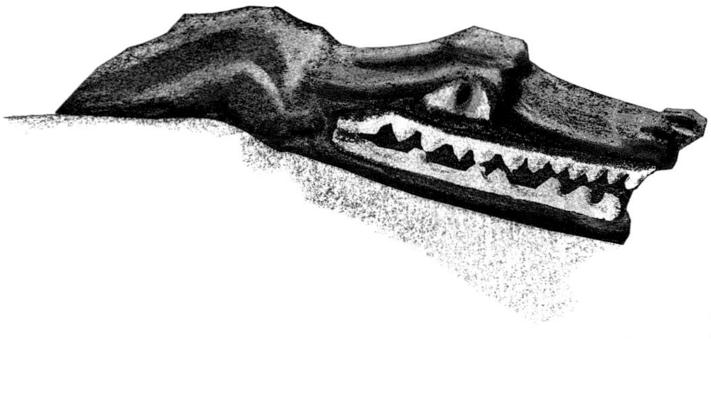

Seppel:
Ja! Habt ihr es auch gehört, Kinder?

Kinder:
Ja!
Da erscheint die Hexe Walpurga, auf einen Stock gestützt. Sie geht beschwörend um die beiden herum, Kasperl und Seppel stehen wie erstarrt.

Hexe:
Hihihihihi, ich kenne euch. Ihr seid Kasperl und Seppel.

Kasperl:
Schlipperdibix, das stimmt. Du hast uns ganz schön erschreckt. Wer bist du denn?

Seppel:
leise zum Kasperl: Du, Kasperl, vielleicht hat sich der Zauberer Rubino in eine alte Frau verwandelt.

Hexe:
Nichts da, mein lieber Seppel. Ich bin die Hexe Walpurga, hihihihihi. Ohne mich sitzt ihr schön in der Patsche.

Kasperl:
Warum? Was willst du von uns?

Hexe:
Ich will euch helfen. Schon lange möchte ich meinem Erzfeind Rubino eins auswischen. *kommt näher* Mir entgeht nichts, ich weiß alles, was der Zauberer macht. Ihr könnt die Prinzessin erlösen.

Kasperl:
Wie denn?

Seppel:
Sag schon!

Hexe:
Einer von euch muß dem Krokodil einen Kuß auf die Schnauze geben. Dann ist es erlöst.

Kasperl:
Schlipperdibix, wenn ich mir das vorstelle, graut's mir richtig.

Seppel:
Das ist doch die Prinzessin.

Kasperl:
Aber eine, die beißt.

Seppel:
horcht Vorsicht, ich höre etwas. Ich glaube, der Zauberer kommt.

Hexe:
Hihihihi, da will ich mich lieber aus dem Staub machen. Der alte Plusterkopf soll mich hier nicht entdecken.

Kasperl:
Und uns auch nicht. Los, Seppel, wir verstecken uns.
Die Hexe verschwindet kichernd. Kasperl und Seppel verstecken sich.

Zauberer:
Jetzt haben wir es bald geschafft. Da oben ist die Burg. Wenn wir oben angelangt sind, bin ich wieder der berühmte Zauberer Rubino.

Krokodil:
Huah, huah, huah.

Zauberer:
Halt's Maul! Das fehlt noch, daß uns die Hexe Walpurga hört. Bis hierhin ist sie allerdings noch nie gekommen. Wir sind gut vorangekommen, ich will ein Schläfchen machen. Du paßt auf und beißt zu, wenn jemand kommt. *setzt sich hin*

Krokodil:
Huah, huah, huah.

Zauberer:
Sei jetzt endlich still! Sonst hau ich dir eins aufs Maul.
Der Zauberer legt sich hin. Das Krokodil bemerkt etwas: Unruhig bewegt es seinen Kopf hin und her und kriecht auf das Versteck von Kasperl und Seppel zu.

Krokodil:
Huah, huah, huah.

Zauberer:
schläfrig: Ruhe, ich will schlafen! *gähnt*

Krokodil:
Huah, huah, huah. *legt sich widerwillig hin*
Der Zauberer schläft ein und schnarcht. Kasperl und Seppel flüstern leise miteinander in ihrem Versteck.

Seppel:
Von der Prinzessin ist nicht mehr viel zu erkennen.

Kasperl:
Los! Jetzt muß das Krokodil einen Kuß bekommen.

Seppel:
Von wem? Von dir?

Kasperl:
Nein, von dir, du bist älter als ich.

Seppel:
Ich trau mich nicht.

Kasperl:
Schlipperdibix, vielleicht schläft es ein.

Seppel:
Das sieht nicht so aus. Wenn ich mir vorstelle, daß das die Prinzessin ist.

Kasperl:
Sie ist es aber, und wir müssen sie erlösen.

Seppel:
Aber wie, Kasperl?

Kasperl:
Seppel, ich habe eine Idee! Wir haben doch das Leberwurstbrot.

Seppel:
Wie kannst du denn jetzt Hunger haben?

Kasperl:
Ich habe auch keinen Hunger. Aber das Krokodil hat vielleicht Hunger.

Seppel:
Ich fürchte, ja! Es kommt nämlich auf uns zu! Schau!

Kasperl:
Seppel, gib mir das Wurstbrot!

Seppel:
Was hast du vor?

Kasperl:
Ich lege es jetzt vor unser Versteck. Wenn das Krokodil das Leberwurstbrot schnappt, hat es das Maul voll und kann uns nicht mehr beißen. Halte es gut fest, ich gebe ihm einen Kuß auf die Schnauze.
Kasperl legt das Leberwurstbrot vor das Versteck. Gierig sperrt das Krokodil sein Maul auf. Es entdeckt das Leberwurstbrot. Mit einem riesigen Haps schnappt es zu.

Kasperl:
Los, jetzt, Seppel!
Beide stürzen sich auf das Tier. Seppel hält es fest. Wütend schnappt das Krokodil nach den beiden. Kasperl gibt ihm einen Kuß auf die Schnauze. Es donnert, Kasperl und Seppel halten die Prinzessin im Arm.

Prinzessin:
Wo bin ich? Was ist geschehen? Kasperl, Seppel, warum haltet ihr mich denn so fest?
Der Zauberer wacht auf, setzt sich auf.

Kasperl:
Ganz ruhig, Prinzessin Aurora. Jetzt bist du endlich erlöst!

Kinder:
Der Zauberer, der Zauberer!

Kasperl:
Schlipperdibix, jetzt ist der Zauberer aufgewacht. Was nun?
Noch etwas benommen vom Schlaf springt der Zauberer auf.

Zauberer:
Was ist das für ein Höllenlärm? Der Kasperl und der Seppel! Sie haben die Prinzessin erlöst. Das werdet ihr mir büßen. Ich verwandele euch alle drei in ein Krokodil.
Krötenherz und Besenstiel!
Werdet jetzt zum Krokodil!
Folget mir und keinem Fremden,
gegen die müßt ihr euch wenden.
Nichts geschieht. Ängstlich sind Kasperl, Seppel und die Prinzessin zurückgewichen. Der Zauberer spricht noch einmal den Zauberspruch:
Krötenherz und Besenstiel!
Werdet jetzt zum Krokodil!
Folget mir und keinem Fremden,
gegen die müßt ihr euch wenden.
Wieder geschieht nichts.

Zauberer:
wütend: Weil ich meine Zaubertat nicht zu Ende bringen konnte, habe ich keine Zauberkraft mehr. Ihr seid schuld daran.

Prinzessin:
Das geschieht dir recht.

Kasperl:
Jetzt hat es sich ausgezaubert.

Seppel:
Jetzt ist es vorbei mit deiner Macht. Niemand hat mehr Angst vor dir.

Zauberer:
heult: Wie schrecklich! Wie schrecklich! Jetzt beginnt alles von vorne. Ich muß noch einmal in die Zauberlehre gehen. Welche Schande! Ich werde aus dem Kreis der Zauberer ausgestoßen. Wo ich doch so lange gebraucht habe, um der große Zauberer Rubino zu werden.
Der Zauberer will weglaufen. Seppel rennt hinter ihm her.

Kasperl:
Seppel, laß ihn laufen. Der richtet keinen Schaden mehr an. Bringen wir die Prinzessin lieber heim zu ihrem Vater, dem König.

Seppel:
Du hast recht, Kasperl. Der Zauberer ist genug bestraft.

Prinzessin:
Kasperl, Seppel, Kinder, ich kann euch gar nicht sagen, wie glücklich und dankbar ich

bin, daß ihr mich befreit habt. Es war so schrecklich.

Kasperl:
Das kann ich mir schon vorstellen. Du hast auch schrecklich ausgesehen.

Seppel:
Gar nicht wie eine Prinzessin.

Kasperl:
Schlipperdibix, jetzt müssen wir zurück auf's Königsschloß. Wir haben noch einen weiten Weg vor uns.

Seppel:
Und ich habe jetzt einen Riesenhunger.

Prinzessin:
Ich nicht, ich habe ja euer Leberwurstbrot gegessen. Wißt ihr den Weg zurück ins Schloß?

Kasperl:
So genau weiß ich ihn nicht, wir sind ja querfeldein gekommen.

Seppel:
Wir gehen einfach mal los ... in diese Richtung ... *geht nach links*

Kasperl:
Oder in diese Richtung ... *geht nach rechts*

Prinzessin:
Oder in diese ...? *geht nach hinten*
Da kommt die Hexe Walpurga.

Hexe:
Hihihi, da haben wir ja dem Zauberer das Handwerk gelegt. Und ihr wart sehr mutig und schlau, Kasperl und Seppel. Dafür lasse ich euch jetzt alle drei auf meinem Stock nach Hause reiten. Der König wartet schon ungeduldig auf euch.

Prinzessin:
Oh, oh, fein, ich hatte schon große Angst vor dem weiten Rückweg.

Hexe:
hält den Stock waagerecht Also, alle drei angefaßt!

Kasperl:
Schlipperdibix, so etwas habe ich noch nicht erlebt.
Alle drei fassen den Stock an.

Hexe:
Paßt auf:
Auf dem Stock geht's über Steine,
schonen dürft ihr eure Beine.
Wie der Wind, geht's jetzt zum Schloß,
der Stock ist euer braves Roß.
Kasperl, Seppel und die Prinzessin halten sich an dem Stock fest, der sich langsam in Bewegung setzt. Sie winken den Kindern zu.

Alle:
rufen: Auf Wiedersehen, Kinder. Und vielen Dank für eure Hilfe.

Der Vorhang schließt sich.

Der Teufel sucht eine Frau

Es spielen mit:

Kasperl; Seppel, Gretel; Fee; Teufel

Bühnenbilder:

im Wald; in der Hölle; vor Kasperls und Großmutters Haus

Wir brauchen:

einen gefüllten Einkaufskorb für Gretel; eine große Praline aus Marzipan oder Knetmasse als Zaubertorte; einen Stein aus Pappe; einen Höllenofen als Teil der Kulisse; einen Puppenbesen für Gretel; Musikbegleitung zum Auftritt der Fee (Spieluhr, Musikkassette oder ein Musikinstrument); ein rotes Licht (rote Glühlampe für die Höllenbeleuchtung); zwei Topfdeckel für Donnergeräusche

Im Wald

Im Wald ist es ruhig. Ein Stein ragt aus dem Boden. Doch plötzlich wird die Ruhe von einem lauten Donner durchbrochen, der Teufel fährt aus dem Boden.

Teufel:
Aua! Ich bin schon wieder zu schnell aus der Hölle gefahren! Immer hau ich mir hier den Kopf an. Du blöder Stein! *befühlt seinen Kopf* Jetzt wächst da noch ein Horn. *entdeckt die Kinder* Hallo, Kinder, seid ihr schon da? Wißt ihr eigentlich, wer ich bin?

Kinder:
Der Teufel!

Teufel:
Richtig. Ich bin der Teufel, der Höllenfürst. Soll ich euch sagen, warum ich eben auf die Erde gekommen bin?

Kinder:
Ja!

Teufel:
beugt sich zu den Kindern über den Bühnenrand Weil ich ganz allein in der Hölle bin, und weil sich niemand um mich kümmert und niemand mal mein Lieblingsessen kocht! Ich will eine Frau haben, eine Menschenfrau. Viele Mädchen habe ich durch mein Höllenfernrohr beobachtet, nur eine hat mir gefallen: das ist die Gretel, die für den Kasperl und den Seppel sorgt. Die ist fleißig, die ist hübsch, die ist jung. Kennt ihr die Gretel?

Kinder:
Ja!

Teufel:
Die Gretel ist heute in der Stadt beim Einkaufen. Gleich muß sie hier vorbeikommen. Dann packe ich sie und fahre mit ihr in die Hölle. Oh, was bin ich ein kluger Teufel! *dreht seinen Kopf zur Seite* Still, ich glaube, sie kommt. Jetzt muß ich mich ganz schnell verstecken. Daß ihr mich nicht verratet! Sonst nehme ich euch alle mit in die Hölle und werfe euch in den Höllenofen.
Der Teufel versteckt sich. Gretel kommt, schleppt einen großen vollen Einkaufskorb, stellt ihn seufzend in der Mitte der Bühne ab und bleibt stehen.

Gretel:
Du bist ganz schön schwer, mein lieber

Korb! Aber das macht nichts. Gleich bin ich zu Hause beim Kasperl und beim Seppel. Die werden Augen machen, wenn sie sehen, was ich auf dem Markt eingekauft habe. Hoffentlich haben die beiden schon Kartoffeln geschält und den Tisch gedeckt.
Was habt ihr denn, Kinder? Ihr seid ja ganz aufgeregt.

Kinder:
Der Teufel will dich holen.

Gretel:
Was? Der Teufel? Aber der Teufel ist doch in der Hölle!

Kinder:
Nein, er ist hier und will dich mitnehmen.

Gretel:
Was! Was mache ich denn jetzt?
In diesem Augenblick stürzt der Teufel aus seinem Versteck und packt Gretel.

Teufel:
Endlich hab ich dich. Ich nehme dich mit in die Hölle. Dort wirst du für mich kochen und saubermachen. Das wird ein herrliches Leben.

Gretel:
Hilfe! Hilfe! Ich will nicht in die Hölle. Ich will nach Hause zum Kasperl und zum Seppel. Die warten auf mich. Hilfe!

Teufel:
Papperlapapp! Du wirst sehen, wie schön es in der Hölle ist. *wirbelt sie herum*

Gretel:
Ich hab Angst. Du riechst so angebrannt.

Teufel:
Das ist der Höllenduft. Doch Schluß jetzt! Hier, nimm deinen Korb! *gibt ihr den Korb in den Arm*
Teufelshorn und Schwefelduft,
ab geht's in die Höllengruft.
Unter mächtigem Donnergetöse fahren Teufel und Gretel in die Hölle.

Kasperl:
ruft hinter der Bühne: Gretel! Gretel!
Kasperl und Seppel treten auf.

Kasperl:
Wo bleibt denn nur die Gretel? Sie müßte doch schon längst vom Einkaufen zurück sein. Wann können wir denn endlich anfangen zu kochen?

Seppel:
Wo ich so einen riesigen Hunger habe.

Kasperl:
Ah, da sind ja die Kinder. Die fragen wir mal. Kinder, habt ihr die Gretel gesehen?

Kinder:
Ja!

Kasperl:
Was? Ihr habt die Gretel gesehen? Ja, wo ist sie denn?

Kinder:
Der Teufel hat sie mitgenommen.

Kasperl:
Der Teufel hat die Gretel mitgenommen?

Kinder:
Ja, er ist mit ihr in die Hölle gefahren.

Kasperl:
Ja schlipperdibix! Erzählt uns mal schnell, was passiert ist.
Die Kinder erzählen den beiden, was sich ereignet hat.

Kasperl:
Gottogott, meine arme Gretel!

Seppel:
Wir müssen die Gretel befreien!

Kasperl:
Das weiß ich auch, du Depp! Aber w i e sollen wir die Gretel befreien? W i e sollen wir denn in die Hölle kommen?

Seppel:
Da hast du auch wieder recht.

Kasperl:
äfft ihn nach: Da hast du auch wieder recht. – Aber jetzt! – Jetzt habe ich eine Idee: Die Großmutter hat uns doch von der Waldfee erzählt ...

Seppel:
Ja, die Waldfee hilft Menschen, die in Not geraten sind.

Kasperl:
Dann rufen wir sie einfach mal. Ruft ganz laut mit, Kinder.

Seppel:
Also: eins – zwei – drei!

Kinder:
Waldfee! Waldfee!
Da ertönt leise Musik, und die Waldfee steht vor ihnen.

Waldfee:
Aus meinem Baumschloß bin ich gekommen,
denn ich habe euer Rufen vernommen.
Die Macht des Teufels gilt's zu brechen,
wir müssen seine Untat rächen.

Kasperl:
Ja schlipperdibix! Liebe Waldfee, du weißt also schon, was passiert ist?

Waldfee:
Ein Kobold hat es mir berichtet.
Er hat den Höllenfürst gesichtet.
Die Gretel hat er überfallen,
und unter Schwefeldampf und Knallen
sie in sein Reich hinabgenommen.
Kaum jemand ist von dort entkommen.

Seppel:
Bitte hilf uns, die Gretel zu befreien.

Waldfee:
Das Böse werden wir bezwingen,
gemeinsam können wir gewinnen.

Seppel:
Aber wie können wir den Teufel besiegen?

Kasperl:
Vor allem müssen wir erst einmal runter in die Hölle.

Waldfee:
Nur nicht so ungeduldig fragen,
gleich werde ich euch alles sagen:
macht eine Handbewegung, bückt sich und hat eine Torte in der Hand

Seht hier den leck'ren Zauberkuchen,
der Teufel muß davon versuchen.
Ein Schlaftrunk ist in dieser Torte
von einer ganz besond'ren Sorte.
Er legt den stärksten Teufel flach,
der wird so schnell nicht wieder wach.

Kasperl:
Schlipperdibix, das ist ein guter Plan, liebe Waldfee. Aber wie kommen wir runter in die Hölle?

Waldfee:
Ich nenne euch die Zauberworte,
sie bringen euch zum Höllenorte.
Die Gretel müßt ihr selbst befreien,
ich kann euch meine Kraft nicht leihen.

Seppel:
Mit dem Teufel werden wir schon fertig, nicht wahr, Kinder?

Kasperl:
Da habe ich auch keine Angst. Aber wie kommen wir wieder auf die Erde zurück?

Waldfee:
Noch einen Spruch will ich euch sagen,

er wird euch dann nach oben tragen.
Gut aufgepaßt, spitzt eure Ohren,
denn ohne ihn seid ihr verloren!

Kasperl:
Schlipperdibix, jetzt heißt's aufpassen. Auch für euch, Kinder!

Seppel:
Also, wie heißt der Spruch?

Waldfee:
Öffne dich, du Höllentor,
laß uns schnell ans Licht empor.
Erdengeister, steht uns bei,
haltet uns den Fluchtweg frei.

Kasperl:
Ui, das ist aber ein schwerer Spruch.

Seppel:
Habt ihr aufgepaßt, Kinder? Habt ihr den Spruch behalten?

Kinder:
Nein! Ja!

Kasperl:
Dann müssen wir üben! Den Spruch dürfen wir auf keinen Fall vergessen! Bitte, liebe Waldfee, fang noch einmal an.

Waldfee:
Öffne dich, du Höllentor,

Kasperl:
Laß uns schnell ans Licht empor!

Seppel:
Erdengeister, steht uns bei,

Waldfee:
Haltet uns den Fluchtweg frei!

Kasperl:
Jetzt sagen wir den ganzen Spruch noch einmal zusammen:

Kasperl und Kinder:
Öffne dich, du Höllentor,
laß uns schnell ans Licht empor.
Erdengeister, steht uns bei,
haltet uns den Fluchtweg frei!

Kasperl:
Ich glaube, jetzt kann's losgehen: Du nimmst die Torte, Seppel, und dann halten wir uns fest an den Händen.

Seppel:
Drückt uns die Daumen, Kinder.

Kasperl:
Vielen Dank für deine Hilfe, liebe Waldfee. Bitte sprich jetzt den Zauber! *Kasperl und Seppel fassen sich an den Händen.*

Waldfee:
Eins, zwei, drei, im Sauseschritt,
gibt es einen Höllenritt.
Fahrt hinab, ihr tapfren beiden,
ohne Qualen zu erleiden.
Es gibt einen mächtigen Donner, Kasperl und Seppel fahren in die Hölle. Die Fee bleibt allein zurück. Leise Musik erklingt, das Licht wird heller. Langsam bewegt sich die Waldfee zum Bühnenrand.

Waldfee:
Mit eurer Hilfe wird's gelingen,
den bösen Teufel zu bezwingen.
Langsam geht das Licht aus, die Musik wird schwächer.

Der Vorhang schließt sich.

In der Hölle

Gretel hantiert am Höllenofen, ein Besen lehnt in der Ecke.

Gretel:
Nun brenn schon, du dummes Höllenfeuer, sonst schimpft mich der Teufel wieder. – Ich bin so unglücklich! Ich möchte endlich zurück zum Kasperl und zum Seppel! *kommt zu den Kindern an den Bühnenrand.* Der Teufel ist zu seiner Großmutter gefahren. Er will mit ihr die Hochzeit vorbereiten. Es soll ein großes Höllenfest werden. *fängt zu weinen an:*

Huhuhu, ich bin eine so arme Gretel. Ich soll aufpassen, daß das Höllenfeuer nicht ausgeht, ich muß das Essen kochen. Der Teufel sitzt den ganzen Tag im Lehnstuhl. Er ist stinkfaul. Huhuhu! Ich will zurück zum Kasperl und zum Seppel. Gibt es denn keine Hilfe, Kinder?

Kinder:
Doch!

Gretel:
Aber wie denn?

Kinder:
Kasperl und Seppel kommen mit dem Zauberkuchen.

Gretel:
Mit einem Zauberkuchen?

Kinder:
Den haben sie von der Waldfee bekommen. Da ist ein ganz starkes Schlafmittel drin. Du mußt den Teufel davon probieren lassen. Dann wird er einschlafen.

Gretel:
Und das soll ich ganz alleine fertigbringen?

Kinder:
Nein. Der Kasperl und der Seppel sind gleich da. Die helfen dir dabei.

Gretel:
Hoffentlich kommen sie wirklich bald.
Es gibt einen dumpfen Schlag. Kasperl und Seppel schauen um die Ecke. Seppel trägt den Zauberkuchen.

Kasperl:
Schlipperdibix! Hallo, Gretel!

Wir sind's, der Seppel und ich.

Gretel:
Kasperl! Seppel! Gut, daß ihr da seid.

Seppel:
Hui, war das eine Höllenfahrt! Mir ist noch ganz schwindlig.

Kasperl:
Wie der Blitz sind wir hier runter geflogen. Sag mal, Gretel, wo ist denn der Teufel?

Gretel:
Bei seiner Großmutter. Nächste Woche soll schon die Hochzeit sein.

Kasperl:
Schlipperdibix! – Ja, wenn der Teufel gar nicht da ist, können wir die Gretel ja gleich mit auf die Erde nehmen.

Seppel:
Na, der wird Stielaugen machen, so lang wie seine Hörner.

Gretel:
Still, Kasperl! Still, Seppel! Ich hör was. Der Teufel kommt zurück.

Kasperl:
Ja schlipperdibix, so ein Pech!

Seppel:
flüstert: Haben dir die Kinder erzählt, was du jetzt tun mußt?

Gretel:
flüstert: Ja, der Teufel soll von dem Kuchen probieren. *nimmt Seppel den Kuchen ab*

Kasperl:
Richtig. Ein Riesenstück! Wir verstecken uns hier hinter dem Ofen.

Seppel:
aus dem Versteck Hui, ist das heiß hier. Das ist ja kaum auszuhalten.

Kasperl:
aus dem Versteck Und es stinkt nach Schwefel. Pfui Teufel!

Unter großem Donnergetöse fährt der Teufel in die Hölle.

Teufel:
Hallo, mein Gretelchen! Wo bist du denn, mein kleines Höllenweibchen?

Gretel:
Ich bin nicht dein Höllenweibchen! Ich bin die Gretel vom Kasperl und vom Seppel.

Teufel:
Es hat sich ausgekasperlt. Bald wirst du Höllenfürstin sein. Morgen wird geheiratet. Die Unterteufel sind schon an der Arbeit. Das wird ein höllisches Fest. *schnüffelt* Was ist denn das? Ich rieche fremdes Menschenfleisch. Ist hier jemand heruntergekommen, während ich weg war?

Gretel:
Aber nein, ich war den ganzen Tag allein.

Teufel:
Merkwürdig! Hier riecht's nach Menschenfleisch. *geht langsam schnuppernd in Richtung Höllenofen*

Gretel:
Ach, ich weiß, was hier so riecht. Es ist der Kuchen, den ich für dich gebacken habe.

Teufel:
bleibt stehen Du hast mir einen Kuchen gebacken? Wirklich, Gretelchen? Damit machst du mir aber eine höllische Freude!

Gretel:
zeigt dem Teufel den Kuchen Da ist er, den habe ich nur für dich gebacken.

Teufel:
betrachtet den Kuchen Der sieht aber merkwürdig aus. Er riecht gar nicht nach Schwefel. Weißt du, Gretel, ich esse am liebsten Feuerkohlenstrudel.

Gretel:
Ich habe den Kuchen nach dem Rezept von deiner Großmutter gebacken, als Überraschung für dich.

Teufel:
Feuersbrunst und Schwefeldampf, das ist lieb von dir. Ich streue noch etwas Asche darüber, dann schmeckt er noch besser.

Gretel:
Jetzt probier doch schon mal den Kuchen. Ich möchte wissen, wie er dir schmeckt.

Teufel:
Nein, erst die Asche ...

Gretel:
Wenn du jetzt nicht gleich probierst, fange ich an zu weinen, huhuhuhu. *fängt laut an zu weinen*

Teufel:
Ich probier ja schon. Ich kann das Gejammere nicht mit anhören. Ich leide Höllenqualen! *schiebt sich ein großes Stück von dem Kuchen in den Mund. Mit vollem Mund:* Mmmmmmmm, der Kuchen schmeckt gar nicht schlecht, gar nicht schlecht ... Uhhh ... ich ... werde ... plötzlich ... so müde. *gähnt* Beim Barte meiner Großmutter ... Vielleicht war die Reise zu anstrengend.

Gretel:
Leg dich halt ein wenig hin, armer Teufel ...

Teufel:
Ich bin kein armer Teufel, aber ich hätte den Kuchen nicht essen dürfen. Ich glaube, das war eine Falle! Na warte, Gretel ...!
will nach Gretel greifen, die weicht aus. Der Teufel torkelt durch die Hölle.

Kasperl:
flüstert: Seppel, der Teufel schläft ja gar nicht ein! Ich glaube, wir müssen ein wenig nachhelfen.

Seppel:
flüstert: Da steht ein Besen in der Ecke. Wir hauen ihm eins auf den Kopf.
Kasperl packt den Besen, und beide stürzen aus ihrem Versteck auf den Teufel zu.

Teufel:
erschrocken: Wer seid ihr denn? Sofort stehenbleiben!

Kasperl:
haut ihm mit dem Besen eins über den Kopf
Ja schlipperdibix! Jetzt bist du gleich ein doppelt gehörnter Teufel. *Benommen sinkt der Teufel zu Boden.* Komm, Seppel, schnell, wir nehmen die Gretel in die Mitte und fassen uns an den Händen. Jetzt den Zauberspruch.

Seppel:
Weißt du ihn denn noch?

Kasperl:
Wen?

Seppel:
Den Zauberspruch!

Kasperl:
Ja, schlipperdibix, wie war denn der noch mal? ›Erdengeister, öffne dich ... Höllentor, steh uns bei ...‹ Um Gottes Willen, Seppel, ich kriegs nicht mehr zusammen. Kinder, könnt ihr uns bei dem Zauberspruch helfen? Wißt ihr ihn noch?

Kinder:
Ja! Nein!

Seppel:
Ganz ruhig, ganz ruhig.

Kasperl:
Also, paßt mal auf:
Öffne dich, du Höllentor,

Seppel:
laß uns schnell ans Licht empor.

Kasperl:
Erdengeister,

Kinder:
steht uns bei,

Seppel:
haltet uns

Kinder:
den Fluchtweg frei.
Es gibt einen Donnerschlag, das Feuer im Höllenofen flackert, und die drei sind fort.

Teufel:
kommt wieder zu sich Was war denn das? Habe ich geträumt? Wo ist denn die Gretel?

Kinder:
Sie ist fort. Der Kasperl und der Seppel haben sie geholt.

Teufel:
Beim Barte meiner Großmutter! Die beiden haben die Gretel geholt? Ja, wie haben die das denn geschafft?

Kinder:
Die Waldfee hat ihnen dabei geholfen.

Teufel:
Die Waldfee, meine alte Feindin! Ach, ich glaube, es ist gar nicht schlecht, daß die Gretel fort ist. Ein Teufel muß alleine leben. Und außerdem habe ich ja noch meine Großmutter. Die ist eine hervorragende Köchin. Was brauche ich die Gretel, was brauche ich eine Frau? Uhhh, jetzt werde ich mich erst einmal richtig ausschlafen. Aber irgendwann werde ich's dem Kasperl und dem Seppel schon heimzahlen. Verlaßt euch drauf.

Der Teufel schließt den Vorhang.

Vor Kasperls und Großmutters Haus

Kasperl und Seppel bringen die schlafende Gretel.

Kasperl:
Schlipperdibix, ihr habt uns sehr geholfen, Kinder. Ich hatte den Zauberspruch ja völlig vergessen.

Seppel:
Ich auch! Aber es ist ja alles gutgegangen. Hallo, Gretel, wach auf! Die ist noch ganz benommen.

Gretel:
Wo bin ich denn? Kasperl, Seppel! Ja, bin ich denn nicht mehr in der Hölle?

Seppel:
Nein, Gretel, da kommen wir gerade her!

Gretel:
Gottlob, nun sind wir wieder zu Hause.
Leise Musik ertönt, das Licht wird heller, und die Waldfee erscheint.

Kasperl:
Waldfee, liebe Waldfee, hab vielen Dank für deine Hilfe. Wir haben es geschafft. Die Gretel ist frei. Alles ist wieder gut.

Waldfee:
Glücklich ist es ausgegangen,
Gretel ist nicht mehr gefangen.
Ende gut und alles gut,
habt ihr doch gezeigt viel Mut.

Die Musik ertönt wieder, das Licht geht aus, die Fee verschwindet.

Der Vorhang schließt sich.

Der entwischte Hexenbesen

Es spielen mit:
Kasperl; Räuber; Großmutter; Hexe

Bühnenbild:
im Wald

Wir brauchen:
Einen Puppenbesen, der am Stockende gehalten und geführt wird

In wilden Bewegungen, einmal schräg, einmal gerade, hüpft und tanzt ein **Besen** *durch den Wald. Es ist der Hexenbesen der Hexe Buckelzahn. Er ist ihr entwischt und genießt jetzt seine Freiheit.*

Da kommt der **Räuber Gerneklau** *von der Seite angelaufen.* Hoho! Bist du nicht der Besen der Hexe Buckelzahn? Bleib stehen, ich will dich haben! *ruft er laut.*

Aber das hat sich der Räuber so gedacht! Der **Besen** *läßt sich nicht von ihm anfassen. Hin und her, kreuz und quer geht die Jagd. Keuchend rennt der* **Räuber** *hinter dem Besen her. Der bleibt manchmal stehen und haut dem Räuber den Buckel voll.*

Aua! Au! Du blöder Besen! Hör auf, mich zu hauen! Bleib sofort stehen! *schimpft der* **Räuber** *und japst nach Luft.*

Nach langem Kampf gibt der **Besen** *schließlich auf und läßt sich vom* **Räuber Gerneklau** *packen.*

Jetzt habe ich dich! Jetzt bin ich dein Herr. Jetzt gehörst du nur noch mir! *freut sich der* **Räuber.** *Er packt den Besen und verschwindet mit ihm aus dem Bild.*

Kaum sind die beiden weg, kommt von der einen Seite die **Hexe Buckelzahn,** *von der anderen Seite kommen der* **Kasperl** und die **Großmutter.** *Alle drei bleiben wie angewurzelt stehen, als sie sich sehen.*
Schlipperdibix, du bist ja die Hexe Buckelzahn! *ruft der* **Kasperl.**

Und du bist der Kasperl! *antwortet die* **Hexe Buckelzahn.**

Was machst du denn hier? *fragt der* **Kasperl.**

Ich suche meinen Hexenbesen, er ist mir wieder einmal davongelaufen, *antwortet die* **Hexe Buckelzahn.** Hast du ihn vielleicht gesehen?

Ich nicht, aber vielleicht die Kinder? *fragt der* **Kasperl.**

Die **Kinder** *berichten, daß der Räuber den Besen mitgenommen hat.*

Meinen Zauberbesen? Der Räuber kann doch gar nicht mit ihm zaubern! *kichert die* **Hexe.**

Warte, Hexe Buckelzahn! *ruft* **Großmutter.** Der Räuber hat mir zwei Hühner gestohlen. Dein Besen soll den Kerl hierhertreiben!

Hihihi! Das ist eine gute Idee, Großmutter. Damit ist uns beiden geholfen: Du hast den Räuber Gerneklau, und ich habe meinen Besen wieder, *lacht die* **Hexe.** Dafür weiß ich einen schönen Hexenspruch:
Hexenbesen, aufgepaßt!

Und den Räuber angefaßt.
Bringe ihn zu dieser Stelle,
ohne Zögern, blitzesschnelle.

Kaum hat die Hexe den Hexenspruch gesprochen, ist auch schon der **Räuber** *hinter der Bühne zu hören:*

Halt! Hilfe! Laß mich runter! Wo willst du denn hin, du blöder Besen?

Der **Räuber Gerneklau** *erscheint. Wie ein nasser Mehlsack hängt er an dem Zauberbesen, der ihn vor die Hexe Buckelzahn schleift.*

Potzblitz und Hagelschlag! War das ein Höllenritt! *stöhnt der* **Räuber.**

Da bist du ja wieder, Besen! *freut sich die* **Hexe Buckelzahn.**

Jetzt haben wir dich, du gemeiner Hühnerdieb! *sagt* **Kasperl,** jetzt bringen wir dich ins Gefängnis! *ruft* **Großmutter.** *Sie packen den Räuber Gerneklau.*

Mein Hexenbesen wird schon aufpassen, daß du mitgehst! *droht die* **Hexe.**

Der **Besen** *hüpft um den Räuber herum und haut ihm ein paar Schläge auf den Buckel.*

Aua! Halt, nicht schlagen! Aua! Ich gehe freiwillig mit! So ein Pech! Nie wieder rühre ich deinen Hexenbesen an! *jammert der* **Räuber Gerneklau.**

Alle machen sich auf den Weg ins Gefängnis.

Der Vorhang schließt sich.

Großmutter und das Krokodil

Es spielen mit:
Kasperl; Großmutter; Krokodil; Zauberer; Hase

Bühnenbild:
im Garten vor Kasperls und Großmutters Haus

Wir brauchen:
einen Zauberstab; Papierblumen, die wir auf einem Pappstreifen befestigen, so daß sie aufrecht stehen. Den Pappstreifen befestigen wir auf dem Spielbrett; eine Tür für Großmutters Haus

Die **Großmutter** *steht vor dem Haus. Die Blumen blühen in leuchtenden Farben. Großmutter sucht den Kasperl.*

Kasperl, wo bist du? Alter Faulpelz! Wahrscheinlich spielt er wieder mit dem Seppel! *schimpft die* **Großmutter** *und will ins Haus gehen.*

Da kommt **Kasperl.**

Endlich bist du da! *ruft die* **Großmutter.**

Schlipperdibix, was gibt es denn, Großmutter? *fragt* **Kasperl.**

Du sollst den Rasen mähen, *antwortet die* **Großmutter.**

Ich will aber lieber spielen, *sagt* **Kasperl** *trotzig.*

Gut, Kasperl. Du darfst spielen. Aber morgen mähst du den Rasen, verstanden? *sagt die* **Großmutter.**

Kasperl *ist glücklich.* Schlipperdibix, vielen Dank, Großmutter! Gleich morgen früh mähe ich den Rasen. *Singend läuft er davon.*

Die **Großmutter** *schaut ihm noch kurz nach, dann geht sie in ihr Haus hinein.*

Kaum sind die beiden verschwunden, ertönt ein grunzendes Geräusch: Vorsichtig, nach allen Seiten um sich schauend, kriecht ein großes grünes **Krokodil** *in den Garten. Hungrig bewegt es den mächtigen Kopf hin und her. Auf seinem Weg zum Haus der Großmutter zertrampelt es eine Blume, die im Garten blüht.*

Da kommt die **Großmutter** *wieder aus dem Haus. Als sie das Krokodil sieht, schreit sie vor Schreck um Hilfe:* Hilfe! Hilfe! Ein Ungeheuer! Es zertrampelt meine schönen Blumen!

Das **Krokodil** *bleibt stehen. Wütend brüllt es. Es hat Hunger. Mit weit aufgerissenem Maul kriecht es auf die Großmutter zu. Diese ist starr vor Schreck und rührt sich nicht von der Stelle.*

In diesem Augenblick kommt der **Zauberer Brimborio** *atemlos angelaufen.* Potzblitz, habe ich dich endlich gefunden! Warum läufst du mir immer davon? *schreit er wütend.*

Ängstlich kriecht das **Krokodil** *zu ihm zurück.*

Aber jetzt ist auch die **Großmutter** *wütend, denn das Krokodil hat ihre Blumen zertram-*

pelt. Du machst alles kaputt! *schimpft sie.*

Der **Zauberer** *gibt dem Krokodil eine saftige Ohrfeige. Fauchend sperrt es sein gewaltiges Maul auf. Doch es hat Angst vor dem Zauberer Brimborio.*

Kasperl *kommt vom Spielen nach Hause. Als er den Zauberer und das Krokodil sieht, erschrickt er.* Schlipperdibix, was ist denn hier los? *ruft er.*

Das Krokodil hat meine Blumen zertrampelt! *antwortet die* **Großmutter.**

Der **Zauberer** *kratzt sich verlegen am Kopf. Es ist nicht das erste Mal, daß ihm das Krokodil entwischt ist.* Ich mache natürlich den Schaden wieder gut, liebe Großmutter. Ich spreche einen Zauberspruch, und die Blumen blühen wie vorher, *sagt er.*

Das ist nett von dir, Zauberer, aber was machen wir, wenn das Krokodil noch einmal ausreißt? *fragt* **Kasperl.**

Fauchend schüttelt das **Krokodil** *seinen Kopf hin und her. Weil es hungrig ist, möchte es nach Hause. Mit der Schnauze stößt es den* **Zauberer Brimborio** *an.*

Der wird jetzt böse. Wenn du nicht sofort ruhig bist, verzaubere ich dich in eine Blume! *droht er.*

Das ist keine schlechte Idee, *meint die* **Großmutter.**

Schlipperdibix, da weiß ich etwas Besseres, *lacht* **Kasperl.** Verzaubere das Krokodil in einen kleinen Hasen. Den schenkst du mir, und ich baue ihm einen Stall. Ich habe mir immer so einen Spielgefährten gewünscht.

Alle *sind von dem Vorschlag begeistert.* Prima! *rufen sie gleichzeitig.*

Der **Zauberer** *zieht seinen Zauberstab hervor, legt ihn auf den Kopf des Krokodils und spricht den Zauberspruch:*
Rund der Schwanz, und lang das Ohr!
Nagezähne, sprießt hervor!
Schnurrbarthaare, weiches Fell,
Krokodil, verschwinde schnell!

Kaum hat der Zauberer die Worte gesprochen, gibt es einen Donner, das **Krokodil** *ist verschwunden, und ein kleiner* **Hase** *sitzt vor ihnen. Die* **Großmutter** *und* **Kasperl** *streicheln ihn. Das* **Häschen** *kuschelt sich an die beiden.*

Was frißt denn ein Hase? *fragt die* **Großmutter.**

Kasperl *und der* **Zauberer** *wissen das auch nicht so genau.* Wißt ihr das vielleicht? *fragen sie die Kinder.*

Die **Kinder** *antworten:* Mohrrüben, Kohl!

Schlipperdibix, *sagt* **Kasperl.** Hier lege ich ein Gemüsebeet für unser Häschen an. Ich pflanze Mohrrüben und Salat.

Die **Großmutter** *ist einverstanden. Vor lauter Freude lädt sie den Zauberer zum Abendessen ein.* **Alle** *gehen in das Haus.*

Der Vorhang schließt sich.

Das heimatlose Gespenst

Es spielen mit:
Kasperl; Gespenst; Polizist; Räuber

Bühnenbild:
im Wald vor der Räuberhöhle

Wir brauchen:
eine Räuberhöhle als Teil der Kulisse

Dort, wo der Wald am dunkelsten und tiefsten ist, haust der **Räuber** *in seiner Höhle. Es ist Nacht. Der Räuber bewegt sich in der Höhle. Vorsichtig steckt er erst seinen Kopf heraus, schaut nach links und nach rechts und kriecht dann ins Freie.*

Ich liebe die Nacht! Wenn die anderen schlafen, ziehe ich los und klaue ihre Sachen, *lacht er und reckt sich.*

In diesem Augenblick taucht am rechten Rand der Bühne kurz eine **weiße Gestalt** *auf und verschwindet sofort wieder.*

Holla, was war das denn? *ruft der* **Räuber** *und geht langsam auf die Stelle zu, an der die weiße Gestalt zu sehen war.*

Jetzt erscheint die **weiße Gestalt** *wieder, diesmal auf der anderen Seite der Bühne. Es ist ein* **Gespenst.** *Lautlos schwebt es von hinten auf den Räuber zu, der unschlüssig stehengeblieben ist.*

Hier bin ich! *säuselt das* **Gespenst.**

Wie von einem Wespenschwarm gestochen, fährt der **Räuber** *herum.* Hilfe! Hilfe! Ein Geist! *schreit er erschrocken.*

Ich bin kein Geist, ich bin ein Gespenst und heiße Fridolin! *antwortet das* **Gespenst** *gekränkt.*

In seiner Angst versucht der **Räuber** *wegzulaufen. Doch das* **Gespenst** *ist schneller. Immer wieder versperrt es ihm den Weg. Rundherum geht die wilde Jagd.*

Hilfe! Ich bin verloren! Rettet mich! *keucht der* **Räuber,** *stolpert und fällt der Länge nach auf den Boden.*

Diesen Augenblick nutzt **Fridolin** *und verschwindet in der Höhle. Der* **Räuber** *rappelt sich auf, schaut sich kurz um und will weglaufen.*

Da hört man die Stimmen von **Kasperl** *und dem* **Polizisten:** Halt! Stehenbleiben! Keine Bewegung, du bist umstellt.

Kasperl *und der* **Polizist** *kommen von rechts und links auf den Räuber zu und umzingeln ihn.*

Was hast du denn? Du zitterst ja wie Espenlaub! *sagt* **Kasperl.**

Uns hast du hier nicht erwartet, was? *lacht der* **Polizist.**

Bitte, nehmt mich mit ins Gefängnis! In meiner Höhle ist ein Gespenst. So etwas Schreckliches habe ich noch nicht erlebt! *jammert der* **Räuber.**

Bei dir piept's wohl! Es gibt doch keine Gespenster! *sagt* **Kasperl** *kopfschüttelnd. Aber so ganz wohl ist ihm nicht dabei. Irgend etwas muß doch an der Geschichte dran sein.*

Der **Polizist** *packt den* **Räuber** *am Arm. Wie eine Puppe dreht er ihn herum und schiebt ihn vor sich her. Dabei sagt er:* Gespenst hin, Gespenst her. Ich stecke dich jetzt ins Gefängnis.

Kasperl *bleibt allein zurück.* Ich will mir das Gespenst doch einmal näher ansehen! *sagt er.*
Vorsichtig geht er auf die Höhle zu, immer wieder bleibt er stehen, sieht sich um und späht in die Höhle hinein. Nichts ist zu sehen, kein Laut ist zu hören.

Hallo, ist da jemand? Wenn du kein Feigling bist, dann komm sofort heraus! *ruft* **Kasperl.**

Es herrscht Totenstille.

Kasperl *wartet ein Weilchen, dann droht er in die Höhle hinein:* Jetzt komm ich rein!

In diesem Augenblick schießt das **Gespenst** *heraus und versucht, an ihm vorbeizuwischen. Doch so einfach läßt* **Kasperl** *sich nicht übertölpeln und packt blitzschnell einen Zipfel des Gespenstes.*

Jetzt habe ich dich! *ruft er und läßt nicht mehr los.*

Fridolin *zieht ihn kreuz und quer über die Bühne.* Hihihihi! Du kitzelst mich ja. Laß mich doch los! *wiehert das Gespenst.*

Kasperl *läßt* **Fridolin** *los. Erschöpft sehen sich beide an.*

Hallo, bist du ein richtiges Gespenst? *fragt* **Kasperl.**

Natürlich bin ich ein richtiges Gespenst. Ich heiße Fridolin. Und wer bist du? *antwortet das* **Gespenst.**

Ich bin Kasperl. Sag mal, was machst du denn hier in dem Räuberwald, Fridolin? *fragt* **Kasperl.**

Ich suche mir ein neues Zuhause. Der Zauberer hat mich aus der Burg vertrieben, weil ich nachts so laut spuke, *klagt das Gespenst.*

Aber in der Höhle ist es doch langweilig, *sagt* **Kasperl.**

Wo soll ich denn nur hin? *fragt* **Fridolin** *traurig.*

Ich habe eine Idee, Fridolin! *ruft* **Kasperl** *und hüpft vor Freude um Fridolin herum.* Du kannst bei der Großmutter auf dem Speicher wohnen.

Gespenster können aber nicht leise spuken. Ich m u ß einfach immer herumpoltern, *erwidert* **Fridolin.**

Das ist nicht schlimm. Die Großmutter ist so schwerhörig, daß sie dich nicht hören kann, *lacht* **Kasperl.**

Fridolin *ist glücklich und zufrieden. Er hat jetzt ein neues Zuhause. Er umarmt Kasperl, und beide machen sich auf den Weg zur Großmutter.*

Der Vorhang schließt sich.

ENDE

Kleiner Hinweis

Ole Schultheis schrieb die Stücke

Er wurde 1947 in der Nähe von München geboren und hat früher begeistert Kasperletheater gespielt – für seine beiden Kinder und auch für viele andere.
Einige seiner Stücke sind in diesem Buch zusammengefaßt.
Heute muß sich Ole Schultheis als Leiter eines großen Kinder- und Jugendbuchverlages hauptsächlich um die Bücher seiner Autorinnen und Autoren kümmern und hat deshalb nicht mehr so viel Zeit für eigene Texte wie früher.
Für Kinder hat er auch die beiden Bilderbücher „Der Zirkus auf Reisen“ und „Der Zirkus auf dem Bauernhof“ geschrieben.

Ursula Kirchberg malte die Bilder

Sie wurde 1938 in Hamburg geboren und hat auch dort an der Werkkunstschule studiert.
Seit 1961 ist sie freiberuflich als Grafikerin, Illustratorin und Autorin tätig und hat vor allem zahlreiche Kinder- und Jugendbücher illustriert.
Ursula Kirchberg lebt heute in Lamstedt bei Cuxhaven.
Bei Gerstenberg sind folgende Kinderbücher mit ihren Illustrationen erschienen: „Franz im Apfelbaum“, „Käpt'n Hein und der Klabautermann“, „Lisas Dorf“, „Ein Sommer mit Lisa“, „Wann kommt der Große Buntspecht?“.

Lotte Sievers-Hahn schuf die Handpuppen

Lotte Hahn gründete nach ihrer Ausbildung im Erzgebirge 1929 als 21jährige in der Nähe von Lüneburg die Holzschnitzwerkstatt Lotte Hahn, die nach ihrer Heirat 1933 den Namen Lotte Sievers-Hahn erhielt.
Lotte Sievers-Hahn, deren Anliegen es war, kindgerechtes Spielzeug aus natürlichen Materialien anzufertigen, wurde im Laufe der Jahre durch hohe Auszeichnungen belohnt. Sie verstand es, durch geniales Vereinfachen den Gesichtern ihrer Figuren einen typischen Ausdruck und eine starke Lebendigkeit zu verleihen. Die Wirkung ihrer Puppen testete sie an ihren eigenen sechs Kindern.
Nach einem reichen Leben starb die Künstlerin 1987. Ihr Sohn Gerd Sievers führt seit 1981 die Werkstatt in Brockel weiter, unterstützt von über 40 Mitarbeiterinnen und Mitarbeitern. Noch immer wird jede Figur nach einem Muster handgefertigt, das Lotte Sievers-Hahn selbst auf dem Papier entworfen, geschnitzt, bemalt und angezogen hat.